zen-on piano library

KB252106

CZERNY

6 LEICHTE SONATINEN　Op. 163
2 SONATINEN　Op. 49

체르니　소나티네 앨범

Herausgegeben von Hans Kann

© 1973 by Zen-On Music Company Ltd.

서울음악출판사

INHALT

6 Sonatinen Op. 163

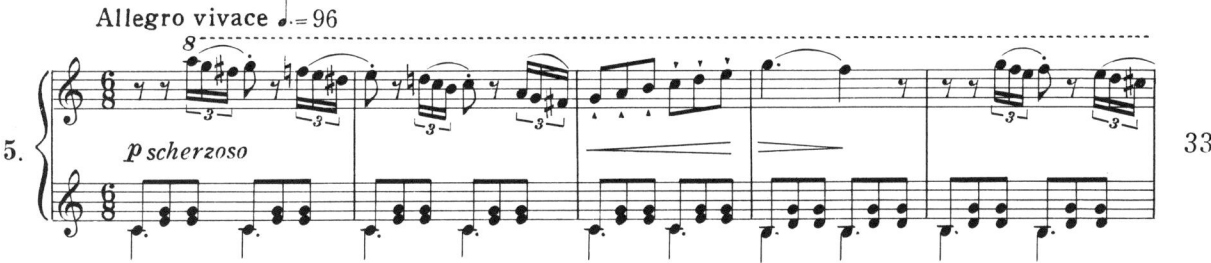

Allegro vivace ♩.= 96

5.

p scherzoso

33

Allegro moderato ♩.= 138

6.

p dolce

40

2 Sonatinen Op. 49

Allegro molto vivace (♩ = 140~160)

1.

46

Allegro molto (♩.= 60)

2.

p dolce

62

Vorwort

6 Leichte Sonatinen Op. 163

Die vorliegenden 6 Sonatinen von Carl Czerny op. 163 sind leicht spielbar und sehr klar gegliedert. Der junge Pianist soll sich jedoch nicht nur auf die Bewältigung der technischen Schwierigkeiten konzentrieren, sondern auch auf die richtige musikalische Gestaltung. Wenn er die klare Struktur dieser einfachen Musikstücke richtig nachzeichnen kann, werden sich ihm die großen Meisterwerke von Mozart und Beethoven klarer erschließen. Jede Interpretation soll sich als oberstes Ziel den Nachvollzug des kompositorischen Enstehungsvorgangs setzen. Es soll sich also bereits der junge Pianist bewußt werden, wie die einzelnen musikalischen Gedanken entstehen und wie sie zusammenhängen. Eränzend noch ein paar einfache Grundregeln:

1. Erkenne sofort wo die wichtige Melodiestimme liegt und wo die Begleitung. (Im Falle Czerny sehr einfach zu erkennen!)

2. Betrachte die richtige Länge der musikalischen Gedanken also 2 taktige, 4 taktige und größere Taktgruppen und fasse diese Gedanken dementsprechend zusammen. Vermeide es eintaktig zu spielen.

3. Jede Melodie wird, je nach steigender oder fallender Tendenz noch ein kleines crescendo oder diminuendo zur deutlichen Gestaltung benötigen. Auch wenn es nicht im Notentext steht, kann man sich mit Geschmack dieser Mittel bedienen. Sogar eine gewisse Beschleunigung oder Beruhigung wird Hand in Hand mit den dynamischen Ausdrucksmitteln gehen. Suche den Spitzenton-den melodischen Höhepunkt – und strebe diesem zu.

4. Skalen, Ornamente und die meisten Passagen soll man ohne oder nur mit wenig Pedal spielen.

5. Zur Frage des Pedals überhaupt: Es ist in erster Linie von der betreffenden Anschlagsart abhängig. Also bei staccato gar kein Pedal, bei portato wenig und bei legato je Melodie–und Harmonie–struktut mehr oder weniger. Pedal soll man an sich bei der klassischen Musik recht sparsam verwenden, manche Partien klingen klarer und frischer wenn man es völlig vermeidet. Umso kotrastreicher wird dann die Verwendung des Pedals sein, wenn man es bei der

richtigen Stelle einsetzt.

Also Vorlage wurde der Wiener Erstdruck verwendet. Es entspricht der damaligen Schreib–und Druckgewohnheit, daß die Artikulationsbezeichnungen bei Paralell–stllen fehlt. Es wird daher angenommen, daß man es selbstverstandlich genau wie die vorhergehende Stelle spielt. Eine Gewohnheit, die man auch in den neueren Urtext-ausgaben wiederfindet.

Die Metronombezeichnungen stammen vom Herausgeber und selbstverständlich nur als Vorschläge aufzufassen.

Mögen diese heiteren, unbeschwerten Sonatinen viele Freunde unter den jungen Pianisten finden.

2 Sonatinen Op. 49

Es ist vielleicht überflüssing, von neuem auf die Bedeutung Czernys innerhalb der Entwicklung des Klavierstils hinzuweisen. Seine ebenso zahlreichen wie umfangreiche Studienwerke, die sich mit den technischen Problemen der klassischen und der romatischen Stilepoche beschäftigen, sind hinreichend bekannt und geschätzt. Seiner Ansicht anch werden die technischen Probleme durch eine eher motorisch - quantitative Arbeitsmethodik überwunden. Diese übewelse wurde oftmals als zu gleichförmig bzw. eintönig bezeichnet. Gewiss wird ein geistloses, gedankenloses Wiederholen solange ohne produktiven Nutzen sein, solange nicht Selbstbeobachtung körperlicher Bewegungsvorgänge und ständige klangliche Kontrolle die mechanischen Übungsvorgänge überwachen.

Jedenfalls können wir Czerny für seine Vermittlungsrolle dankbar sein, das Erbe Beethovens an Liszt und eine Reihe von bedeutenden Klavierpädagogen weitergegeben zu haben.

Die vorliegenden Sonatinen sind strukturell einfache Werke, mit ihrem technischen Zubehör allerdings schon etwas mehr der Mittelstufe angehörig. Die formale Bewältigung wird daher weniger schwierig sein, als souveräne und flüssige Beherrschung der Passagen.

Als Vorlage wurde der Wiener Erstdruck verwendet, all die später ergänzten legato - Bögen und zusätzlichen dynamischen Bezeichnungen sind daher nicht übernommen. Frühdrucke sind immer sparsam gewesen, was Dynamik und Artikulationsanwei sungen bwtrifft. Wir wollen jedoch die Lesart des Erstdrucks einerseits und stätere Ergänzungen anderseits als Eckpunkte ansehen, zwischen denen sich persönliche freie Interpretationsweise bewegen kann.

Das Pedal soll eher sparsam verwendet werden, auf klares, sauberes Fingerspiel ist hierbei besonders zu achten. Die Klarheit und Gradlinigkeit dieser Musik erfordert ein einfaches und korrektes Spiel.

Mögen diese Sonatinen ebenso wie jene unter op.163 bekannten neue Freunde unter den jungen Pianisten gewinnen.

Wien, September 1973 Hans Kann

서문

6개의 쉬운 소나티네 Op. 163

칼 체르니의 <6개의 쉬운 소나티네 Op. 163>은 쉽게 연주할 수 있고, 곡 구성도 쉽게 파악할 수 있게 되어있다. 피아노를 배우는 학생들은 기술적으로 어려운 부분을 극복할수 있으며 음악적으로 올바르게 연주할 수 있을 것이다. 이처럼 간단한 곡의 명료한 구성을 올바르게 파악할 수 있게되면 모차르트와 베토벤과 같은 위대한 거장들의 작품을 이해하는 데에도 도움이 될 것이다. 각각의 곡에 대한 연주해석은 작곡 성립과정을 따라서 묘사하는 것을 최종 목표로 삼기 바란다. 학생은 각각의 악상이 어떻게 성립되었으며 그것들이 어떻게 연결된 것인지에 대해서 일찍부터 알아두어야 한다. 몇 가지 기본적인 원칙은 다음과 같다.

1. 어디에 중요한 선율이 있고 어디부터 반주인지에 대해서 신속하게 파악한다(체르니의 경우는 파악이 매우 쉽다).
2. 악상의 올바른 길이. 2마디인지 4마디인지 또는 더욱 긴 마디의 그룹으로 이루어진 것인지를 잘 관찰한다. 그리고 이 악상을 하나의 프레이즈로 정리해서 연주한다.
3. 선율이 알기 쉽게 형성되기 위해서는 상승과 하강 시에 각각 작은 *cresc. dim.*이 필요하다. 만약 악보에 이러한 기호가 없다면 임의로 적용해도 된다. 속도를 약간 빠르게 하거나 느리게 하는 것도 다이내믹 표현수단과 함께 선율을 만드는 데에 도움이 될 것이다. 선율에서 정점이 되는 음을 찾고 그 음을 향해서 나아가도록 연주한다.
4. 음계, 꾸밈음 그리고 대부분의 패시지를 페달 없이 또는 페달을 조금만 사용해서 연주한다.
5. 페달을 어느 정도 사용할 것인가는 터치의 종류에 따라 정해진다. 따라서 스타카토에서는 페달을 전혀 사용하지 않고, 포르타토에서는 살짝 사용한다. 그리고 레가토 때에는 선율과 화성에 따라서 페달을 사용한다. 고전음악의 경우는 페달을 잘 생각하면서 사용해야 한다. 페달을 적게 사용하면 대부분의 경우 더욱 명료하고 신선하게 들릴 것이다. 페달을 적당한 곳에서 사용하면 더욱 풍부한 콘트라스트 효과를 줄 수 있을 것이다.

이 악보는 빈 초판본을 바탕으로 하고 있다. 아티큘레이션 기호가 비슷한 곳에서 빠져있는 것은 당시의 기보법과 인쇄 습관에 따른 것이다. 그러므로 그러한 부분에서는 먼저 나온 곳과 같은 방식으로 연주한다. 지금의 더욱 새로워진 이 '원전판' 안에서도 우리는 이러한 습관을 볼 수 있다.

메트로놈 표시는 편집자에 의한 것으로 하나의 제안이라 생각하기 바란다.

이 밝은 소나티네가 학생들 사이에서 널리 연주되길 기대한다.

2개의 소나티네 Op. 49

피아노 음악 양식의 발전에 있어서 체르니의 중요성을 새삼스럽게 이야기할 필요는 없을 것이다. 고전파 및 낭만파 시대의 피아노 연주 테크닉을 깊이 연구한 체르니의 수많은 그리고 폭넓은 연습용 작품들은 널리 애용되고 있다. 체르니는 '테크닉은 빠른 움직임이 필요한 과제를 많이 연습함으로써 빠르게 극복할 수 있다'고 말했다. 이 연습방법에는 같은 형태 또는 단조로운 경우가 많다. 메커니컬한 연습에서 효과가 없는 경우에는 자신의 몸(팔, 손가락)의 움직임을 잘 관찰하고 항상 울림이 일정하도록 컨트롤 할 수 있어야 한다. 그렇게 되지 않는다면 재미없고 산만한 반복 연습에 지나지 않을 뿐이다.

체르니는 피아노 연주법에서 베토벤의 유산을 이어받았다. 그리고 그 유산을 리스트를 비롯한 훌륭한 피아노 교육자에게 전수한 중개자 역할을 했다는 점에서 우리는 큰 혜택을 받고 있다.

체르니의 소나티네는 구성은 간단하지만 테크닉 면에서는 중급보다 약간 높은 수준이다. 곡의 형식을 잘 정리하기 위해서는 패시지를 최대한 매끄럽게 연주해야 한다.

이 악보의 바탕에는 빈의 초판본이 사용되었다. 빈 초판본에는 이후에 추가된 레가토의 호선과 다이내믹 기호가 없다. 초기판의 경우에는 일반적으로 다이내믹과 아티큘레이션에 대한 지시가 적기 때문이다. 하지만 이후에 다이내믹과 아티큘레이션에 대한 지시가 추가되는 것은 자유로운 연주법으로 진행되는 과정이라 볼 수 있을 것이다.

페달을 적게 사용하면서 동시에 또렷하고 깔끔한 손가락 움직임과 터치를 할 수 있어야 한다. 소나티네의 명료함과 솔직함은 간소하고 정확한 연주를 요구하기 때문이다.

이 소나티네가 <Op. 163>과 함께 어린 피아니스트들 사이에서 널리 연주되길 바란다.

1973년 9월 빈

한스 칸

Sonatina I

Allegretto moderato ♩ = 120

C. Czerny, Op. 163

senza Pedal

★) Die ersten 5 Takte die Melodie stets portato, Pedal bei jedem Viertel wechseln. Takt 6–8 gebundenes legato. Bis Takt 32 die melodischen Gedanken stets 4 Taktig empfinden. Von Takt 33–48 2 taktig, dann wieder 4 + 4 u.s.w. Möge man diesen Vorschlag auch als Anregung für die anderen Sonatinensätze aufnehmen.

★)5마디째까지의 선율은 포르타토로 연주하고 페달은 4분음마다 바꾼다. 6~8마디째는 최대한 레가토로 연주한다. 32마디째까지 선율의 구상은 4마디씩 나뉜다. 4마디씩을 하나의 프레이즈로 생각하고 연주하기 바란다. 33~48마디째는 2마디씩 하나의 프레이즈로 생각하고 연주한다. 그 후에는 다시 4마디씩 하나의 프레이즈다. 이러한 시도를 이후의 곡에서도 생각해보기 바란다.

Rondo
Allegro ♩. = 100

4 Taktig empfinden.   4마디씩을 하나로 생각한다.

12

Sonatina II

Allegro moderato ♩ = 138

p dolce

★)cantables legato, geringer Fingerhub, erst bei den Triolenpassagen leggierissimo-Spiel mit locker geworfenen Finger.

★)감정을 담아서 레가토로 연주한다. 손가락은 살짝 올린다. 셋잇단음 패시지는 최대한 가볍게, 손가락을 부드럽게 던지듯이 터치한다.

Rondo

Allegretto vivace ♩ = 138

★)dolce, jedoch sehr leicht und schwerelos. Richig artikulieren! ★)부드러우면서도 매우 경쾌하게 연주한다. 아티큘레이션을 정확하게 준다.

Sonatina III

Hier 8 Taktig empfinden. Jeweils den zweiten Takt schwerer als den ersten empfinden.

이 곡은 8마디를 하나의 프레이즈로 생각하여 한 번의 호흡으로 연주한다. 항상 첫 마디보다 다음 마디에 중심을 둔다.

22

★)Skalen sehr gleichmäßig, non legato. Rond fast kein Pedal.

★)음계 부분은 고른 음량의 논 레가토로 연주한다. 이 론도는 페달을 거의 사용하지 않고 연주한다.

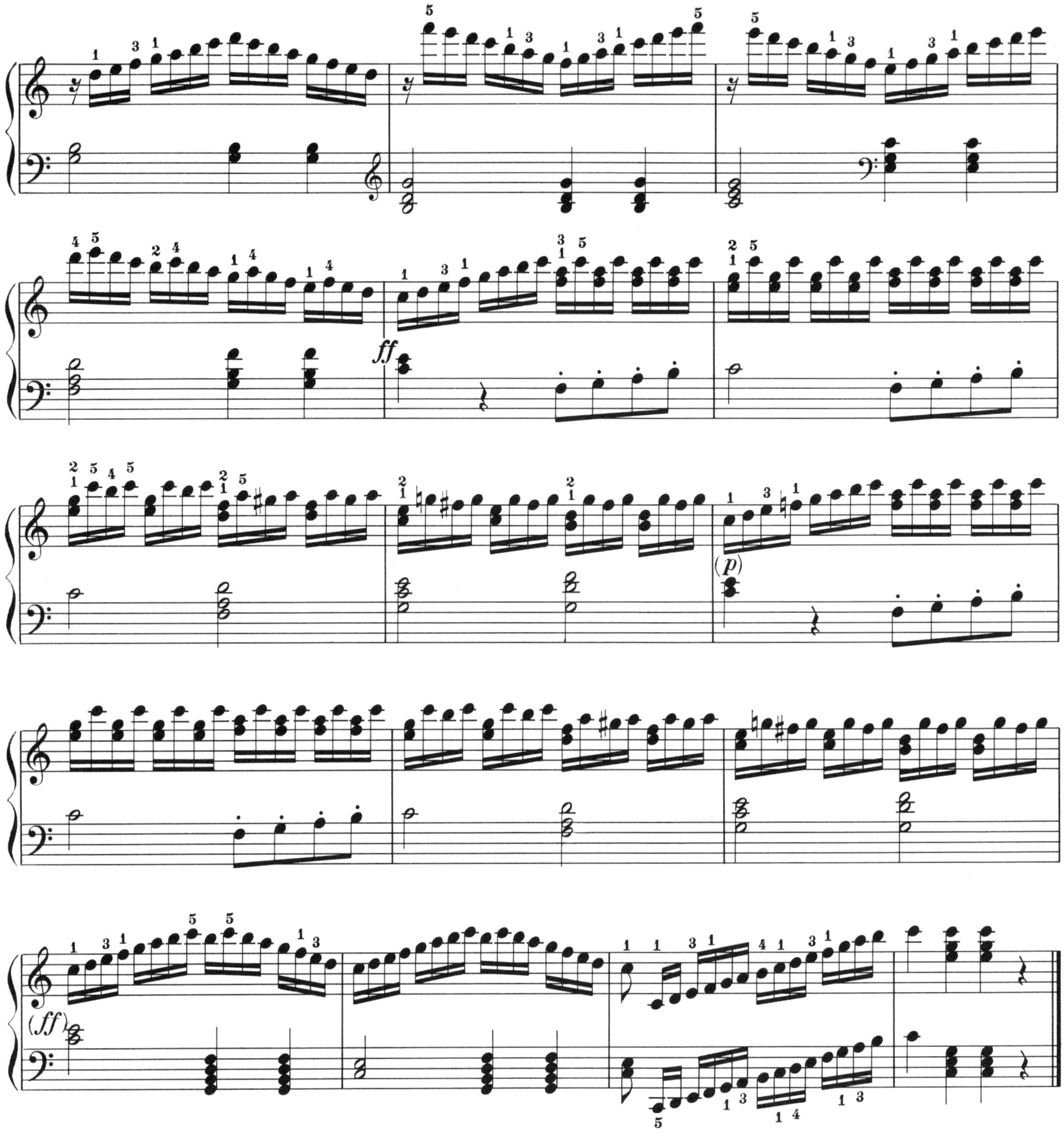
ff
(p)
(ff)

Sonatina IV

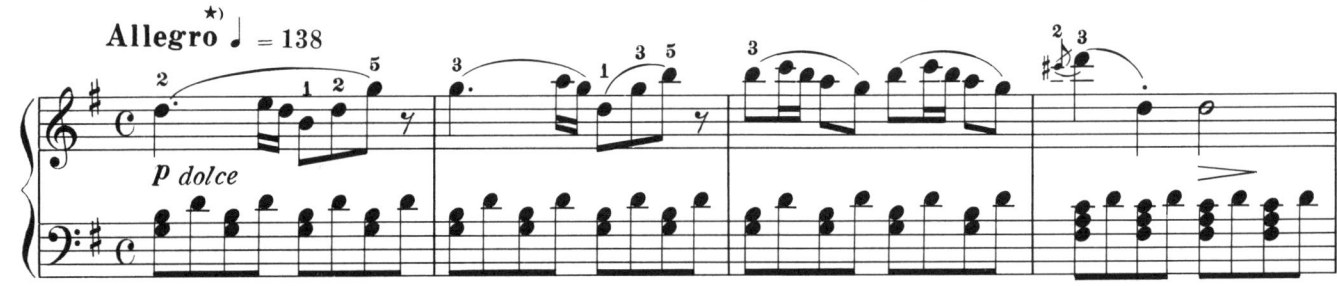

Allegro ★) ♩ = 138
p dolce

★)Zart und klar im Ausdruck.
Melodischen Höhepunkt D3 im 4 Takt anstreben.

★)부드럽고 밝은 느낌으로 연주한다. 선율의 정점은 4마디째 D3다.

28

★) Beachte die andere Artikulation!　★)이외의 다른 아티큘레이션도 잘 살핀다.

Rondo

Allegro vivace ♩. = 96

★)8 taktig empfinden.   ★)8마디를 하나의 프레이즈로 연주한다.

Sonatina V

Allegro vivace ♩. = 96

★)Die ersten 3 Takte sehr leicht, der betonte schwere Takt ist der 4.!

Die Sechzehntelläufe im 9 Takt stes leggierissimo.

★)첫 3마디는 매우 가볍게 터치한다. 중심이 되는 곳은 4마디째다. 9마디째 16분음 진행은 최대한 가볍게 연주한다.

★) Die Baßstimme soll den harmonischen Verlauf zart betomt
   unterstreichen.

★★)Leichtes non legato, locker geworfene Finger. Pedal nicht
   vor dem 17 Takt verwenden.

★)저음부의 화성 진행이 부드럽고 은근히 부각되도록 살짝 강조한다.

★★)가벼운 논 레가토로 손가락을 느슨하게 던지듯이 터치한다.
   17마디째보다 앞 마디는 페달을 사용하지 않는다.

Sonatina VI

Allegro moderato ♩. = 138

★)Da die linke Hand legatissimi spielt (beachte die Schreibweise!)
ist nur wenig Pedal notwendig.

★)왼손 레가티시모로 연주한다(기법에 주의). 페달은 아주 조금만 필요하다.

41

Rondo
Alla Polacca ★)

★)Sehr rhythmisch ♩ ♫♫♫ den charakteristischen
Polonaisenrhythmus empfinden.

★)매우 리드미컬한 곡이다. ♩ ♫♫♫ 는
특색 있는 폴로네즈 리듬을 타고 연주한다.

44

Sonatina I

C. Czerny, Op. 49 No. 1

Allegro molto vivace (♩ = 140~160)

Finale Rondo
Allegro vivace (♩. = 104)

56

Più mosso

Fine

Sonatina II

C. Czerny, Op. 49 No. 2

Allegro molto ($\textstyle.$ = 60)

66

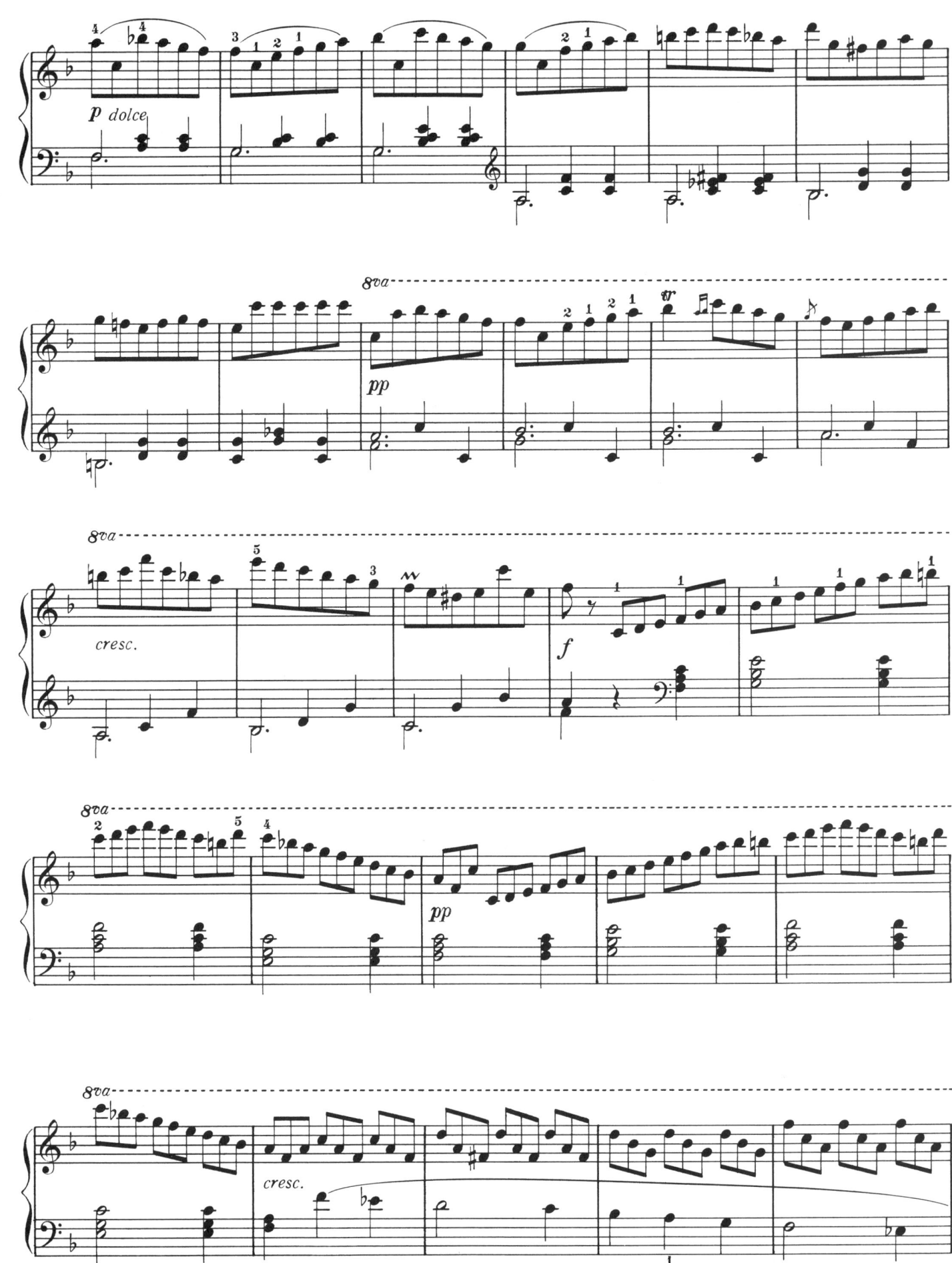

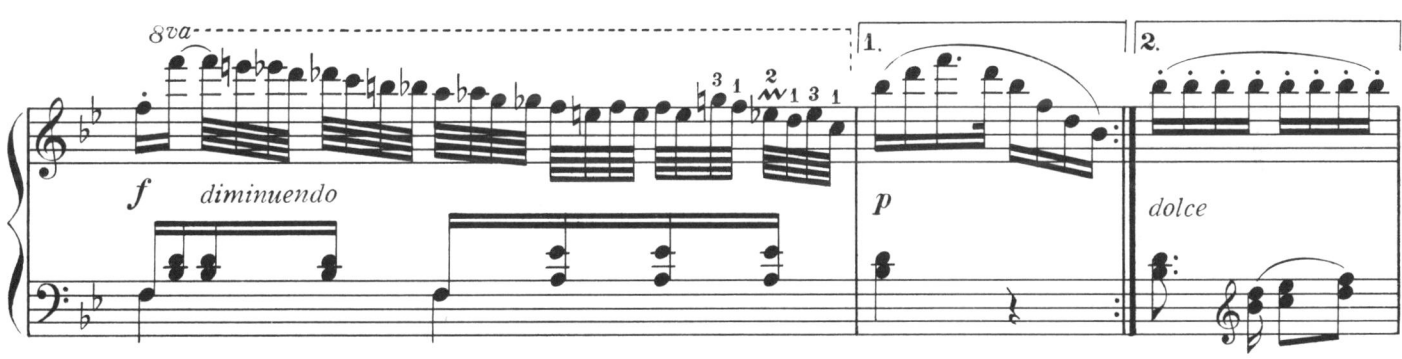

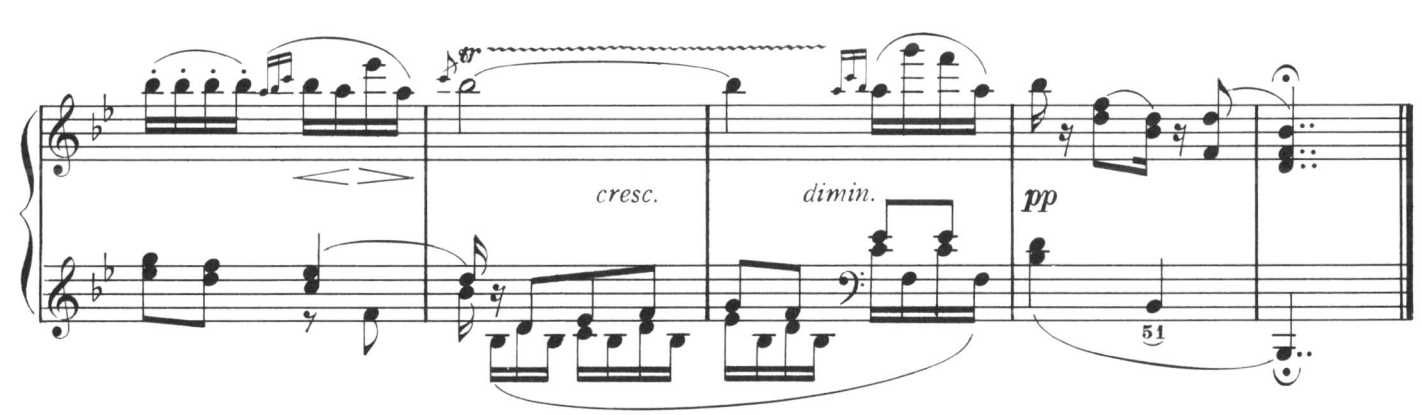

Rondo
Allegretto (♩ = 84)

74

젠온 피아노 라이브러리
체르니 [원전판] 시리즈

CZERNY   KINDERÜBUNGEN
체르니   어린이를 위한 연습곡

60곡 모두 바이어와 함께 사용할 수 있다. 바이어 학습 내용과 병행(바이어 10번부터) 해서 배열되어있으며 보충 내용도 충분히 들어있다. 후반부의 난이도는 바이어를 마친 이후에도 연습할 수 있다.

36P / 과정 : <바이어> 시작(10번)부터 마지막까지 병행
난이도 : ★

CZERNY   ERSTER LEHRMEISTER   Op. 599
체르니   입문자를 위한 연습곡

악보를 이해할 수 있을 정도의 연령 이상의 입문자가 효율적으로 피아노를 배우기 위한 내용. 기본적인 테크닉 습득을 위해 쉬운 조성(장조만)으로 구성. 유아에게는 선생님의 적절한 배려가 필요하다.

68P / 과정 : 입문자용, <바이어> 과정
난이도 : ★★

CZERNY   THE LITTLE PIANIST   Op. 823
체르니   리틀 피아니스트

풍부한 음악성과 뛰어난 테크닉을 길러주고, 아름다운 연주음을 내기 위한 교본. 운지에 독특한 아이디어가 담겨있다. <바이어>를 마친 후의 과정 또는 <소나티네>를 시작하는 학생의 부교재로 좋다.

64P / 과정 : <바이어> 이후, <소나티네> 부교재
난이도 : ★★

CZERNY   6 LEICHTE SONATINEN   Op. 163 / 2 SONATINEN   Op. 49
체르니   소나티네 앨범

소나티네의 구성과 형식을 명료하게 파악할 수 있다. 빈 초기판을 바탕으로 다이내믹과 아티큘레이션이 추가된 한스 칸의 교정. 모차르트, 베토벤 작품으로 들어가는 디딤판으로 사용할 수 있다.

76P / 과정 : <소나티네> 과정
난이도 : ★★

CZERNY   100 ÜBUNGSSTÜCKE   Op. 139
체르니   100번 연습곡

<바이어>를 연습하면서 테크닉을 다듬기에 좋은 내용이다. <체르니 110번>과 마찬가지로 어린이는 물론 어른에게도 좋은 교재다. 초급부터 더욱 높은 테크닉까지 종합적으로 배울 수 있는 연습곡집.

88P / 과정 : <체르니 100번 연습곡>
난이도 : ★★

CZERNY   25 ÜBUNGEN FÜR KLEINE HÄNDE   Op. 748
체르니   작은 손을 위한 25개의 연습곡

꾸밈음과 4성체 진행, 다양한 테크닉을 배울 수 있는 코랄곡 등 실전적인 연습곡집. 아름다운 선율이 특징적이며 음악적인 배려도 충분히 담고 있다. 손이 작은 어린이가 자연스럽게 손가락을 단련시킬 수 있다.

56P / 과정 : <바이어> 이후, <체르니 30번 연습곡> 전에
난이도 : ★★★

CZERNY   20 PREPARATORY STUDIES TO "STUDIES OF MECHANISM,   Op. 849"
체르니   20개의 쉬운 연습곡
<체르니 30번 연습곡> 전에

체르니의 700곡에 달하는 방대한 에튀드 중에서 이 단계에서 필요한 20곡만을 엄선. 쉬운 곡부터 차례대로 진행할 수 있도록 배열되어 <체르니 30번 연습곡>으로 자연스럽게 넘어갈 수 있다.

36P / 난이도 : <체르니 30번 연습곡> 전에
난이도 : ★★

CZERNY   160 KURZE ÜBUNGEN   Op. 821
체르니   8마디 연습곡

160개의 8마디로 이루어진 연습곡집. 짧은 길이에 중요한 요소가 집약(왼손 연습도 풍푸하게 포함)되어있어 훌륭한 연습효과를 낼 수 있다. 쉬운 난이도부터 배열되었으며, 자연스럽게 음악이론도 익힐 수 있다.

84P / 과정 : <체르니 30번 연습곡> 병행
난이도 : ★★★

CZERNY   ETUDES DE MÉCANISME   Op. 849
체르니   30번 연습곡

<바이어> 교본 다음 단계로 사용되는 경우가 많다. 이 연습곡집은 피아노 연주에 필요한 기본적인 테크닉을 완전히 익힐 수 있게 해준다. 피아노 학습자에게 필수적이면서도 일반적인 연습곡집이다.

72P / 과정 : <체르니 30번 연습곡>
난이도 : ★★★

CZERNY   DIE SCHULE DER GELÄUFIGKEIT   Op. 299
체르니   40번 연습곡

<체르니 30번 연습곡>에서 배운 연주 테크닉에 막힘없이 손동작을 더하기 위한 연습곡집. '숙련과정'이라고 되어있는 이 연습곡집은 폭넓은 기술을 배우고 안정된 연주속도를 익힐 수 있게 해준다.

116P / 과정 : <체르니 40번 연습곡>
난이도 : ★★★★

CZERNY   KUNST DER FINGERFERTIGKEIT   Op. 740(699)
체르니   50번 연습곡

'손가락을 숙련시키기 위한 테크닉'이라는 제목이 붙은 고도의 에튀드로 40번 다음에 사용한다. 이 연습곡집을 통해 피아노 학습자는 난이도 높은 작품 연주에 필요한 테크닉을 익힐 수 있다.

196P / 과정 : <체르니 50번 연습곡>
난이도 : ★★★★★

체르니   소나티네 앨범

초판발행   2025년 7월 1일

지 은 이   젠온악보출판사 편집부
펴 낸 이   하성훈
펴 낸 곳   서울음악출판사
주   소   서울 서초구 반포대로22길 85 에덴빌딩 3층
영 업 부   02-587-5157
등록일자   2001년 4월 23일
등록번호   제2001-000299호
홈페이지   www.seoul-music.co.kr

© 2025, 서울음악출판사
© 1973 by Zen-On Music Co., Ltd., Tokyo.

값 10,000원
ISBN 979-11-6750-145-5